नदी उसी तरह सुन्दर थी जैसे कोई बाघ

संजय अलंग

राजकमल प्रकाशन

ISBN : 978-93-89598-36-0

मूल्य : ₹ 295

पहला संस्करण : 2020

प्रकाशक : राजकमल प्रकाशन प्रा. लि.
1-बी, नेताजी सुभाष मार्ग, दरियागंज
नई दिल्ली-110 002

शाखाएँ : अशोक राजपथ, साइंस कॉलेज के सामने, पटना-800 006
पहली मंजिल, दरबारी बिल्डिंग, महात्मा गांधी मार्ग, इलाहाबाद-211 001
36 ए, शेक्सपियर सरणी, कोलकाता-700 017

वेबसाइट : www.rajkamalprakashan.com
ई-मेल : info@rajkamalprakashan.com

मुद्रक : बी.के. ऑफसेट
नवीन शाहदरा, दिल्ली-110 032

NADI USI TARAH SUNDER THI JAISE KOI BAGH
Poems by Sanjay Alung

चिर संगिनी सुमिता को

क्रम

सुन्दर

गुलाब उसी तरह सुन्दर था जैसे कोई नदी
नदी उसी तरह सुन्दर थी जैसे कोई बाघ
बाघ उसी तरह सुन्दर था जैसे कोई मैना
मैना उसी तरह सुन्दर थी जैसे कोई औरत
औरत उसी तरह सुन्दर थी जैसे कोई आदमी
आदमी उसी तरह सुन्दर था जैसे कोई पेड़
पेड़ उसी तरह सुन्दर था जैसे कोई आम
आम उसी तरह सुन्दर था जैसे कोई गुझिया
गुझिया उसी तरह सुन्दर थी जैसे कोई पेंटिंग
पेंटिंग उसी तरह सुन्दर थी जैसे फुटबाल
फुटबाल उसी तरह सुन्दर था जैसे गुलाबी रंग

हर औरत और आदमी सुन्दर थे
जैसे कोई भी अन्य चीज़, बात या लोग
थी पूर्णतः सुन्दरता से लबरेज़ कायनात
भेद नहीं किसी का किसी से
न औरत का आदमी से
न नेग्रोइड का कौकेसियन से

स्वाद और सुन्दरता
सभी जगह थी

बस उन्हें देखा जाना था
ख़ुशी के साथ

रहस्य

क्षितिज पर
सूर्य के साथ नाचती किरणें
उछल-उछल कर मचलती हैं

रहस्य का स्तर बढ़ जाता है
जब देखने की तमन्ना
उसके भी आगे की हो

आकाश स्वर्गिक और अनन्त के विस्तार के साथ सामने होता है

इसके विस्तार को देखना
मात्र देखने का एक उपक्रम है
सब देखने और जानने की
असीम इच्छा के बावजूद
जा नहीं पाती दृष्टि
क्षितिज के पार

आकाश अपने उद्दीप्त नृत्य के साथ
लगातार विस्तार पाता रहता है
होती रहती है
नए आयामों की रचना भी

इससे वह और फुर्तीला होता जाता है

इसके साथ ही
गणित, विज्ञान, भौतिक सभी के
नए समीकरण बनते और बिगड़ते रहते हैं
झटक देते हैं समझ और ज्ञान को
कर देते उन्हें सीमा से बाहर

निश्चित बिन्दु से प्रारम्भ यात्रा
लगातार चलती रहती है

सुन्न हो निहारती दृष्टि
अज्ञात अनन्त तक जा नहीं पाती
बस यही अनुमान करती है कि
कोई अन्त है ही नहीं
हर स्थान पर नए का प्रारम्भ है और
पुराने का समापन

फिर एक नई और पूर्ण इकाई बन रही है
पूर्व से गुँथी हुई और मुक्त भी
जागरूक तैरता बिन्दु नए से नया होता जा रहा है

देखने और जानने की दृष्टि
थोड़ी और बढ़ गई है
तब भी अवाक् हो निहारना
मात्र क्षितिज तक ही है

रहस्य और गहराता जा रहा है
दूर और खिसकता जा रहा है

बँटे रंग

उसने बताया
यह रंग तामसी है
और यह रंग राजसी
और यह वाला सात्विक

आगे फिर बताया गया
यह कोई मर्दों का रंग है
यह तो औरतें पहनती हैं

और बताया
यह तो उसका रंग है
और यह हमारा

फिर उसने बताया
वह केवल अपने रंग ही पहनता है
बाक़ी रंग ख़राब हैं

तब से
उसके पास से
रंग ही ग़ायब हो गए
अब वह

धूसर और श्वेत से ही ढका रहता है
और
बाक़ी रंगों से दुनिया

विरासत

सभी पीढ़ियों ने लड़ी हैं लड़ाइयाँ
अब वे आ पहुँचे हैं
ज़मीन के टुकड़े की भक्ति तक
तैयार खड़े हैं परिपक्व
अब और अँधेरी रात
यहाँ हो सकती है
लड़ाई के नए शंखनाद के लिए

टटोल रहे हैं
नई माँद को
खंडहर को न्योछावर कर
दूर गए सभी बच्चों को वापस लाने को
अब लुभाने को
दिया जाना है नया विकल्प
पुष्प वाटिका के साथ
लगे यह कि
खेतों की परिपक्वता
बच्चों को पुकार रही है

अब छुट्टी पर जाना नहीं
उपयोग ही प्राथमिकता है

लड़ाई का अन्त कभी नहीं है
नए दुश्मन की खोज है

दे रहे हैं आशीर्वाद
आगामी पीढ़ियों को
नई लड़ाइयों के साथ
नई लड़ाइयों के लिए ही

साथी?

ख़ुशियाँ और शान्ति
वही बर्बाद कर रहा था
जो उनके बीच मौजूद था

धरती पर चलते हुए
आकाश में उड़ते हुए
जल में तैरते हुए
यहाँ तक कि
धरती के गर्भ में भी
वह साथ था

वह सभी जगह
साथ ही मौजूद था

वासना

(1)

जीवित नहीं रहता वह
पर हिम्मत की बहाली अवश्य पाता है
सूखी पत्ती में जीवन का सन्देश खोजता
तब नमी पुनर्जीवित कर जाती है
अब कोई शुष्क भूमि नहीं
कोई बंजर नहीं
प्यास का पाप में तब्दील होना नहीं

नई ओस की बूँदों-सी ताजग़ी
विचारों में प्यार का आवेग
श्रद्धा को भी फैलाव सुनहरे पंख का

आकाश पर चढ़ाई का उत्साह
शुष्क स्पन्दनों में उत्साह का विस्तार

नशा नहीं है
न ही रक्त पिपासा

नवीनीकृत करने को झंकार अवश्य है
अकेले सहने के नरक से परे

(2)

प्यार की अनुमति
अनुमति का प्यार
आशा की उड़ान
नहीं वासना पर
उसी से भरपूर

हमने एक साथ आग लगा दी
अब है नृत्य में आत्माओं की लपटें
साथ है लपटों का मूल नृत्य

इस तरह

बादलों का टुकड़ा
स्वर्ग में स्थान लेने को
संक्षिप्त होता जा रहा है

तड़प से शमित इन टुकड़ों का कर्मकांड
मानो नेपथ्य में चला गया है
सूखे गलों की प्यास बुझ गई है
उसमें डूबना ही पार उतरने का बाना है

इन झरनों का स्नान
लाड़ का समायोजन है
प्रलोभन की जलन नहीं

शरीर के उबाल में लुप्त होता लावा
लालसा का पृथक् रूप नहीं है
शुष्क भूमि पर अमर जल
शुष्कता लील गया है

(3)

वासना नहीं
कगार पड़ी प्यास जैसा भी कुछ नहीं
रक्तिम सेमल की आभा।
अवश्य हवा में है

गतिज ऊर्जा का उपाय
शक्ति से रहित और
सामंजस्य से पूर्ण

बनानी पड़ी है
झरनों को पीने की हिम्मत
यहाँ नहीं है आग्रह का विरोध

बाँहों के उत्तेजक समायोजन के साथ है
विचारों का मिलन
यह जारी रहेगा
पूर्ण मिलन तक
वर्जना के बिना

तब प्यास नहीं
वासना नहीं
प्यार का त्याग नहीं

बस जारी रहेगा मिलन
पूर्ण समायोजन तक

मेहनत

यही बताया जाता है
मेहनत नहीं
वरन् और कड़ी मेहनत से
सब कुछ पाया जा सकता है

सब सम्भव है
वह पूँजी भी
जिसे सब जीवन अमृत मानते हैं
पूजते हैं
सब के लिए तुम्हें मेहनत करनी है

यह नहीं बताया जाता कि
क्यों पाना है
क्या पाना है
किससे पाना है

यह भी नहीं कि
यह पाना
छीनना तो नहीं है

बस वह लगातार
मेहनत कर रहा है
हाड़-तोड़ कड़ी मेहनत लगातार

समुद्र में, खेत पर, घर पर
दफ़्तर में, कारख़ाने में
सब जगह उसकी ही मेहनत जारी है

सब पाने की चाह नहीं है उसकी
पर लगातार कड़ी मेहनत जारी है और
यही चाहिए उन्हें
व्यवस्था के लिए

मेहनत उसकी
राजा के लिए
राज्य के लिए
धरती को अपने लिए, बनाने के लिए

चाहिए मात्र उसकी
मेहनत और लगातार मेहनत

उस एक उपासना स्थल में एक सुबह

(1)

उपासना स्थल पर बहुत भीड़ है
सभी आराध्य पर आच्छादित हैं
ढक गया है वह उनसे
झुमट पड़े हैं लोग उस पर
सभी उसका सामीप्य शीघ्र पाना चाह रहे हैं
लगातार झुमटते ही जा रहे हैं उस पर
वह पीछे से दिख भी नहीं रहा है

पंक्ति कहीं नहीं है
पंक्ति तोड़ना ही व्यवस्था मान ली गई है
यही व्यवस्था बन गई है
अव्यवस्था ही व्यवस्था में तब्दील हो गई है
लोगों को यही सहज और अच्छा लग रहा है

आराध्य मौन बैठा है
पुजारी चिल्ला-चिल्ला कर लोगों को बुला रहा है

(2)

नंगे पैर हैं लोग
फ़र्श पर मिठाइयों के बिखर जाने से

शीरे की चिपचिपाहट है
पैर उससे लिबड़कर काले हो गए हैं
चलने पर फ़र्श से चिपककर लिजलिजा रहे हैं
स्वच्छता पैरों तले कुचल दी गई है

उमस में उघड़े बदन पुजारी
गमछे से पसीना पोंछ
मिठाई का दोना ले
आराध्य पर चढ़ा रहा है
उसका कुछ भाग लौटा भी रहा है
प्रसाद बनाकर

आराध्य का सामीप्य पा लिया गया है

(3)

लोग प्रसाद लेकर
धकेलते हैं पीछे खड़ी भीड़ को
बनाते हैं उनके बीच से किसी तरह
वापस बाहर निकलने की जगह और
आते हैं बाहर इस आच्छादित भीड़ से
शरीर से शरीर की रगड़ से
छिले बदन के साथ
पसीने से भीगे हुए
और देखते पीछे मुड़कर गर्व से
प्रतीक्षारत खड़े लोगों को
हेय दृष्टि से मुस्कुराकर

आराध्य ने दर्शन दे दिए हैं

(4)

प्रसाद लेकर लोग
बदन में चिपके कपड़ों में
चिपचिपाते पैरों से लौट रहे हैं

बाहर लोग हाथ फैलाए
माँग रहे हैं
उसका कुछ अंश
लौटते लोगों का पुण्य बढ़ाने के लिए
दे रहे हैं सुविधा त्वरित

सिक्कों की व्यवस्था ने
बैठा दिया है एक वर्ग
उपासना स्थल के सामने
जो इन्तज़ार में है
अन्दर वालों के बाहर आने के
जिससे वह उनसे पा सके प्रसाद का अंश
उनके ही पुण्य के लिए
कटोरे फैल गए हैं

(5)

उपसना स्थल से लौटते लोग
थके और पसीने से तर-ब-तर हैं

वे बाहर आ रहे हैं
आपस में बतियाते हुए
जेबों में वाहन की चाभी टटोलते हुए
हड़बड़ी-सी है उनमें लौटने की
पंखे के नीचे बैठने की

•

उनके हाथ में है दोना
लिपटा है जिसमें प्रसाद
देख बाहर बैठे भिखारियों को
चेहरे पर उनके
आ जाते हैं भाव हिराकत के

बाहर आ खोजते हुए चप्पल
डाल रहे हैं कुछ ही लोग मिठाई
फैले हाथों में
दोने में लिपटी मिठाई के छोटे टुकड़े कर
और जल्द आगे बढ़ रहे हैं
फैले हाथ अब सामने नहीं हैं

आराधना पूरी हो गई है
पुण्य पा लिया गया है

आराध्य पीछे छूट गया है
छूटता ही जा रहा है
लोग जल्दी-जल्दी घरों की ओर बढ़ रहे हैं

द्वीप पर एक दृश्य

सुदूर स्थित द्वीप पर
दिखाया जा रहा था
नग्न वासियों को जब
प्रकृति के साथ

नहीं बता पा रहे थे
जुड़ाव उनसे अपना
न ही मुख्य भूमि का

नहीं गिरने देना चाहते थे उन्हें
न ही उठने देना

किसके बच्चे थे वे
नहीं जानता था कोई

वे दिखाए जा रहे थे
मानव ही बताए जा रहे थे

सब ख़ुश थे

तभी किसी ने
चाकलेट निकाली
मुँह में गड़प से डाली
उड़ा दिया रैपर को हवा में

जीप आगे बढ़ गई
बढ़ती रही

वे वहीं थे
उन्हें दूर जाते
निहारते हुए
आगे आनेवाले लोगों को
दिखाए जाने के लिए

सुरक्षित

रखा जाता है सुरक्षित उसे
सदा स्वर्ग में
ऊँचाई पर
बनाए रखने को आराध्य

सावधानी बरती जाती है
व्यवहार करने में उससे
नहीं हो त्रुटी कोई
नाराज़ होने से बचाना
आराधना का कारण बन जाता है
जारी रहती है आराधना
बना रहता है वह सुरक्षित

प्यार खो जाता है कहीं दूर
न मिल पाने की दूरी तक

सुरक्षा के बीच लुप्त
बनी रहती है सावधानी
धता बता सरलता को

जुट जाते हैं सभी
रखने को उसे
सुरक्षित

मैं और तुम

मैं तुम में
तुम मुझ में

अँधेरे में छाया की तरह
जीवन में मौत की तरह

समाहित तुम मुझ में
पत्थर में मूर्ति की तरह
मूर्ति में ईश्वर की तरह

साथ जाने दो हमें
साँस महसूस करने की ज़रूरत नहीं

मैं तुम में आज़ाद
तुम मुझ में
संवाद की तरह

मेरा तू
मैं तेरा

यह भी नहीं
एक में ही सब कुछ

साथ मैं और तुम
समाहित एक

अस्तित्व

अवधारणाओं की भूलभुलैया में
है और नहीं है के मध्य
शंका की उछाल के साथ
जीवन रहा है शाश्वत

ब्रह्मांड में तैरते
शून्य में विचरते
पैदा होते
शून्य की ऊर्जा से
आता है सृजन
धमाके के साथ

क्या है और क्या नहीं है
अपनी उड़ान के आगे भी
देख सकता है वह
सीमा स्वीकार नहीं

अस्तित्व का भ्रम बना रहता है
इस भ्रम की ज़रूरत नहीं है
अस्तित्व शाश्वत है

तैरता हुआ ब्रह्मांड में
ऊर्जा के साथ
ऊर्जा के रूप में

गॉल के समुद्री क़िले की प्राचीर से

(1)

क़िले की दीवारों से
टकराकर लहरें
बिखरती दूर तक
उसे सराबोर करतीं

समुद्र की निरन्तर उपस्थित
गर्जन के साथ
ले जातीं संवेदना को
अथाह नीले सागर में
थाह पाने को जीवन की

(2)

बैठे हुए
क़िले की प्राचीर पर
समुद्र मुझमें
घुलने लगता है
कोई प्रश्न नहीं
कोई उत्तर भी नहीं

विचार तैरने लगते हैं
नीले समुद्र में
संगी बनकर

(3)

समुद्र स्वयं संगीत बन गया है
लहरे थिरक रही हैं नृत्य करती
उड़ते पक्षी
दुल्हन की साड़ी के पल्लू की तरह
लहरा रहे हैं

समुद्र ने स्वप्न को
ओढ़ लिया है

(4)

सन्देश देती मुक्तता का
तैर रही है व्हेल
समुद्र में बीहू उतर आया है
मुक्त होना आनन्दित कर रहा है
किनारों को भी
वे बाँहे फैलाए
भावविभोर हैं
समुद्र के साथ
करते हुए गान
मुक्तता का

(5)

क़ायम हो गया है रिश्ता
समुद्र के साथ
गॉल के क़िले की
दीवार पर बैठे हुए

प्यार हो गया है मुझे
समुद्र से
मैं समा गया हूँ उसमें
समुद्र मुझमें आ गया है
बह रहे हैं हम साथ
वह मुझमें मैं उसमें
हम एक रिश्ते में हैं

बीतता समय

इन्तज़ार करते बैठे रहना
धीरे-धीरे बीतते दिसम्बर में
कि आएगा अब जनवरी
करने को कुछ नया

नई सुबह को जागृत करना
मुश्किल हो रहा है
कर रहे हैं इन्तज़ार
समय के बीतने का

अब खोजने की ही तलाश है
जो समय बीतने के साथ
दूर होती जा रही है

नए के आने के इन्तज़ार में
समय बीत रहा है

नाम जानकर क्या करोगे मेरा

नाम जानकर क्या करोगे मेरा
न ही जानना है नाम तुम्हारा
तब भी हमारा साथ है सभी जगह
गाँव में, शहर में, जंगल में

तुम और मैं बेनाम ही हों
तब भी हमें मज़बूत होना है
साथ होना है सभी जगह
हाथ थामे एक-दूसरे का
हमें मज़बूत होना ही है
भीख माँगने के लिए नहीं
साथ बढ़ने के लिए
आगे जाने के लिए

इसके लिए
नाम जानकर क्या करोगे मेरा

क़यामत का दिन

क़यामत का दिन
ईश्वर का दिन होगा
बताया गया यह

बाक़ी दिन उसके लोगों के होंगे
जो चुन लिए गए हैं उसके द्वारा

शेष प्रसाद चढ़ाएँगे
हाथ जोड़कर जिएँगे
प्रार्थना करेंगे और
मर जाएँगे
क़यामत के इन्तज़ार में

धूपगढ़

समय में बने रहना है
पंचमढ़ी की धूपगढ़ चोटी पर बैठ
सूरज को उदित होते देखना

सफ़ेद बादलों के साथ
आकाश में गड़मड़ होता
सृष्टि का प्रतिनिधि प्रतीक सूरज
भर देता है ऊष्मा जीने की

हरियाली का बिस्तर
घाटी में बाँहें फैलाए
सूरज को आगोश में ले
चूम रहा है
रोमांस घाटी में फैल गया है
सूरज धीरे-धीरे और पास
आ रहा है

धूपगढ़ अनन्त में विस्तारित होने को
धूप से नहा गया है

यही सच है

जब भी मैं दर्पण के सामने होता हूँ
वह सदा एक कहानी बताता है

मैं उसमें देखना चाहता हूँ
सुन्दर चेहरा, भरी झील, हरित वृक्ष
आँखें खुली की खुली रह जाती हैं
जब वह दिखाता है
बदरंग चेहरा, सूखी झील, सूखा वृक्ष

मैं कहता हूँ
सच बताओ
कहानी नहीं

वह कहता है
तुम आईने के सामने खड़े हो और
यही सच है

बिटिया का जन्मदिन

बुलबुल आज चहक रही है
फ़िज़ा आज महक रही है।

जन्मदिन है उसका आज
बज उठे हैं सभी साज़।

देते सभी शुभकामना और बधाई
परियाँ ख़ुशियाँ भर-भर लाईं।

बुलबुल ने है मस्ती मनाई
बहुत-बहुत हो उसे बधाई।

वर्तमान में जीना

कभी जब बैठ शान्त
सोचने लगा
तो कभी थीं यादें अतीत की
तो कभी भविष्य की योजना
दोनों के साथ
दुःख और अवसाद भी साथ आते
नहीं रह पाता तब शान्त

ऐसे में भूल जाता कि
जीना है वर्तमान को
सामने आए क्षण को
नहीं जी पाता उसे ख़ुशी के साथ
तो हो जाता आनन्द से दूर
अतीत और भविष्य कर देते गड़मड़

जाना तभी कि
मनाना है आनन्द वर्तमान का तो
जीना होगा अभी का क्षण

ख़ुशी को साथ रखने को
मनाना होगा जीवन का आनन्द

मनाने को यह आनन्द
इसी क्षण के साथ
डूबना होगा उसमें
पूरी ऊर्जा के साथ

तब से जीवन का
हर क्षण साथ है
जी रहा हूँ उसे

ऐसे में
जीवन ही साथ है
अपने पूरे आवेग के साथ
मुझमें समाया हुआ
न ही उदासी
न ही चिन्ता

इस क्षण को जीते हुए
आनन्द साथ है
अपनी पूरी उत्तेजना के साथ
जीवन भी अलंकृत है
अपनी सुन्दरता के साथ

अच्छा होना

बहुत अच्छा होता है
सभी बातों का अच्छा होना

मेरे लिए यह ही बहुत अच्छा है कि
कोई एक चीज़ भी बहुत अच्छी है

मुझे तब बुरा लगता है
जब यह एहसास हो कि
वह सब तो झूठ था
जो हम सोच रहे थे
वह सब नक़ली था
जो हम ले रहे थे
वह सब अभिनय था
जो हम देख रहे थे

तब किसी एक का भी
अच्छा होना
अच्छा लगता है

आपदा के बाद हिमालय में

शिवालिक की घाटियों में चलना
लगता है
बिखरे पहाड़ों पर
अब कोई बात नहीं है
लोग चले गए हैं
कुछ सो गए हैं
मैं ज़मीन पर जमे
अपने पैर देख रहा हूँ
मुझे चलना है
बनाने के लिए लड़ना है

मुझे लगता है
अकेला हूँ
तब भी चलना है

दरवाज़ा बन्द नहीं रखा जा सकता
सभी को अन्दर आने देना होगा
नए विचार के लिए सहानुभूति की ज़रूरत नहीं है
लोग क्या कहेंगे की आवश्यकता नहीं है

दिन को बाहर लाना है
स्पष्ट चेहरे के साथ
छूटे निशानों से
पता मिल जाएगा
मदद नहीं साथ चाहिए
आप कभी भी वापस आ जाएँ
आप के बिना मैं नहीं
तब ही सूरज फिर आएगा
आप ही मुझे सुराग़ दे देंगे
बच्चे की चमकदार नीली आँखें
फिर चमकेंगी

तुम अब कहाँ हो
मैं अभी अकेला हूँ

बिटिया को चुम्बन

बिटिया की नन्ही हथेली पर चुम्बन
गीत की झंकार-सा लगा

एक लोकगीत में
सुना था
चुम्बन है एक तोहफ़ा
मानव के लिए
प्रकृति का
जाना अब इसे

अन्तरिक्ष के अनन्त विस्तार में
अनन्त बातों के होते हुए भी
प्यारा था यह सबसे
इस सच्चाई के बाद
और कुछ भी नहीं था

यह चुम्बन लगा
चाँद की सवारी के साथ
सितारों की रोशनी की बौछार
अनुभव की सीमा से बाहर
एक स्वर्गिक अनुभव

फूलों की घाटी में
ख़ुशबू के साथ अप्रतिम यात्रा
जुनून के बिना भी आनेवाला
शीतल परम आनन्द

यह प्यार था सभी के लिए
क्योंकि आप को भी है
प्यार से प्यार

इसके लिए उतरा प्यार
सार्थक पल बन
होंठों से हथेलियों पर
सुनहरी धूप के साथ

बिटिया बाँहें उठा
मूँद रही थी मेरी आँख
बने रहने देने को सदा
इस पल में ही
प्यारे चुम्बन के साथ

पिता

पिता पर
सब कुछ सोचने और लिखने के बाद भी
पाता हूँ कुछ नहीं लिखा

कितना कुछ तो घुमड़ता है
ज़ेहन में लगातार

क्लब पुस्तकालय में किताब चुनते
उँगली पकड़ खेलने ले जाते
पूजा करते
पर करते विरोध
धर्म के प्रदर्शनकारी स्वरूप का

ज़ोर देते सिद्धान्तों और अच्छाइयों पर ही
उठकर खड़े होने का

चीज़ों को सहेजते, सँवारते, सजाते, देखते

बस देखता ही रह जाता हूँ
गुन भी लेता हूँ
पा भी लेता हूँ
नहीं आ पाता आडम्बर कभी भी कहीं भी

सब सोचता हूँ उनके सिखाए को
फिर पाता हूँ कुछ नहीं लिखा

खाना खाते-खिलाते मूल्य सिखाना
बिना पढ़ाए सब पढ़ा जाना
यह सिखा जाना कि
न सिर्फ़ पंख फड़फड़ाना
खोलकर उड़ जाना
बहन को भी समान सिखाना
समान स्तर पर लाना

यह भी बताना कि
चाबी-सा बन जाना
जिसके न होने पर
उसे खोजते ही रह जाना

सबसे आवश्यक पर सर्वसुलभ हो जाना
सबको उपलब्ध रहना

इन सब पर लिखूँ पर
इन पर लिख नहीं पाता हूँ
इनके सामने सब छोटा पाता हूँ

बेटे सर्वज्ञ को घुमाते
सौहार्द को पेट पर खिलाते
मेरे होने को और विस्तार दिलाते

सबसे गुण निकाल लाते
नई से नई बात
सहज बता जाते

लाख प्रचार के बाद भी
लोगों को अलग-अलग खानों में नहीं बाँट पाते
प्रदर्शन, दिखावे को धता बता जाते

सदा सर्वोच्चता पर लाते
सहज होने को ही
सहजता कठिन ही न लगती

समाज में आपसी अलगाव
दूर की कौड़ी ही रहता
न पताकाएँ ठोंकी जाती
न ढाँचे गिरते
न चाकू चलते
ग़र पिता सब ओर होते
सब लिखना चाहता हूँ
लिख नहीं पाता

ठोस मैग्मा सब ओर होता मवाद नहीं
ख़ून लाल ही रहता कई रंगों का नहीं
बढ़ते सहायता को हाथ तो तैयार मिलता थामने को दूसरा

सर्वज्ञ, सौहार्द को आयाम मिलते ही जाते
सभी सम्भावनाओं के वृक्ष लगाते
ख़ुशियों को लब पर लाते

देश बँटवारा, अलगाव सब भूला
साथ हुआ विस्थापन बना पुराना
सिखा गया पाठ कई
मानवीयता मानव में सदा हो भाई

सब विस्तृत लिखना चाहता हूँ
उँगली पकड़ फिर चलना चाहता हूँ
पिता के साथ बने रहना चाहता हूँ
पिता हो जाना चाहता हूँ

अस्पताल की खिड़की

अस्पताल में भर्ती रुग्ण बुज़ुर्ग
देखता बाहर खिड़की से
पड़े अपने बिस्तर पर
बन गई थी
खिड़की ही दुनिया उसकी

इसी खिड़की से देखता वह
आते-जाते रोगियों को
लिए सहारा किसी का
जो कभी भीड़ में गुम होते
कभी लिपट जाते श्वेत वस्त्र से

वह सब देखता
गुज़रते बदलों को
उड़ती चिड़िया को
दूर चौराहे पर लगे
ऊँचे घड़ियाल को

लगता उसे
सारी दुनिया गुज़र रही है
उसके आगे से

नहीं लगता उसे कि
बर्बाद हो रहा है
उसका समय

नहीं दिखता उसे मुकुट कहीं भी
न ही यह कि कोई विरासत हो या
हो कोई योजना या निर्माण
बस हलचल बनी रहे
आवाजाही होती रहे

चमक की चाह नहीं होने पर भी

शक्तिहीनता नहीं चाहिए

यह घुमड़ता ही है

कोई सौदा नहीं हो और
दृश्य बने रहें
तब बर्तन की चमक लुभाती है
जब भट्ठी की गर्मी बनी रहे
धौंकनी में कोई छेद न हो
खिड़की सदा खुली रहे
दृश्य सामने हो और
उसे देखा जा सके

देरी से भी व्यथा नहीं है
शक्तिहीनता की तड़प नहीं है
खुली खिड़की लुभा रही है
बन्द होने की बात नहीं है
क्योंकि उड़ते कबूतर हवा भर रहे हैं

खुली खिड़की जीवन दे रही है
दृश्य आ-जा रहे हैं

क्षितिज और बिस्तर के बीच
खिड़की खुली है
और
धौंकनी में कोई छेद नहीं है

शुरुआत

सबेरे उठते ही लेकर अँगड़ाई भगाई सुस्ती
घुस गया स्नानघर में
निकला जब तैयार होकर
हम साथ बैठ गए
खिड़की के पास
चाय का कप हाथ में लिए
उसने सौम्य मुस्कुराहट के साथ
ली चाय की चुस्की

एक पुलकित मुस्कुराहट के साथ
मैंने अपनी हथेली रख दी उसकी हथेली पर
बाहर खिले गुलाब को महसूस किया हमने
हम साथ-साथ मुस्कुराए
हमने बातें कीं
घर की, गाँव की

थी बूँदा-बाँदी भी
तैयार हो हम साथ चल दिए
एक ही छाते में

हमने नंगे तलवों पर
हरी घास को
साथ महसूस किया और
एक साथ ही
हमने ली झुरझुरी

सब सुन्दर और अद्‌भुत था

उसने रखकर मेरे कन्धे पर हाथ
मुझे अपनी ओर खींच लिया
मेरा सिर उसके कन्धे से जा लगा

हमारा शानदार दिन एक साथ शुरू हुआ
साथ आगे बढ़ा
साझा करने को जीवन
बने रहने को साथ सदा

इस प्यार को
नहीं थी आवश्यकता
गवाह की

यह शानदार दिन हमारे साथ था और
जीवन को शुरू कर चुका था

जीता उसने कैंसर

[प्रिय अरुण और माधवी की जिजीविषा पर]

जब होने लगा वह असहज
दिखाया उसने चिकित्सक को
व्यक्त की गई कैंसर की आशंका
पहले तो गया वह घबरा
फिर उसने बताया पत्नी को
दी उसने हिम्मत
कर ली पैदा जिजीविषा
सोच-समझ कर किया कार्य

पढ़ा था उसने कि
बायोप्सी करने के लिए काटे जाने पर
फैलता है कैंसर तीव्रता से
इसलिए उस उचित स्थान को तलाशो
जहाँ कराना हो पूरा इलाज और
वहीं कराओ बायोप्सी और तत्काल इलाज

पूरी तैयारी के साथ
जा पहुँचा ऊँचे अस्पताल बड़े शहर के
व्यवस्था कर

धन, इलाज बीमा, रुकने की
लम्बे इलाज की तैयारी के साथ
थी लड़ने और जीने की अदम्य चाह

सब परीक्षण हुए बताया गया कि
फैल गया है कैंसर कई अंगों में
बचना है मुश्किल
उपचार भी है असम्भव
थी कठिन घड़ी

विचार मंथन के बाद आया
चिकित्सकों का बड़ा एक दल
सम्भावित एक इलाज की बात के साथ

बताया करना है नया प्रयोग
पूछा क्या दे सकोगे
अपने जीवित शरीर पर
नए प्रयोग की अनुमति
जो है तीखा और तेज़
होंगे कई अनुषंगी प्रभाव भी
जिसमें बचने का भी हो सकता है उपाय
यह भी कि ऐसा न हो
निर्णय हो गया मुश्किल

दम्पति ने किया विचार और कर दिए
प्रयोग किए जाने पर हस्ताक्षर
नहीं थे यह मात्र काग़ज़ पर हस्ताक्षर
यह थे जीवन या मरण पर हस्ताक्षर

अब बचेगा या नहीं

प्रयोग सफल होगा या नहीं
यह प्रश्न लगातार मथ रहा था मन

इस प्रयोग हेतु था
जिन्दा मानव शरीर
जो बचता प्रयोग की सफलता पर
अन्यथा यह हस्ताक्षर
बन जाते मलाल

परीक्षा की घड़ी हो गई शुरू
तेज़, तीखे इलाज के साथ
इलाज भी अपने आप में था बड़ा रोग
लड़ना था
पूरे मन, तन और धन के साथ महीनों

इलाज से जलने लगा तन और मन
जाता नहीं था मुँह से कुछ अन्दर
सूखने लगा बदन जलकर
हो गया उल्टे तवे-सा काला
हिलना-डुलना भी हुआ मुहाल
करेला नीम भी चढ़ा
उल्टी, बेचैनी, तड़प,
चिड़चिड़ापन भी आया साथ

रोगी के साथ परीक्षा थी संगी की भी
दोनों बने रहे धैर्यवान और जिजीविषा से भरपुर
जीता निराशा के क्षणों को लड़कर
नए प्रयोग में भी देखी आशा की किरण
छिलती चमड़ी, गिरते बाल और नाख़ून
डिगा नहीं पाए हिम्मत और जीने की चाह

चिकित्सक अपने नए प्रयोग से होने लगे उत्साहित
रोगी की झुँझलाहट को वे नहीं मानते थे रोग
यह तो था इलाज की प्रतिक्रिया का ही भाग
इसे धैर्य से झेल रहा था बहादुर रोगी
जिजीविषा और इच्छाशक्ति थे साथ
विज्ञान की नई खोज में

चिकित्सकों की सद्इच्छा के साथ
संगी भी रहे पूरे समर्पित
वह कार्य भी करते सहज
जो थे असहज और न करने लायक़
साथ और संग की इन्तहा सामने थी

अब नहीं दिख रही थी दीपावली या
अन्य कोई बात
बस एक ही लक्ष्य सामने था
कैंसर से लड़कर जीतने का

सभी झंझावातों के साथ
लम्बा समय बीता
अस्पताल में और उसके बाहर भी

डूबने नहीं दिया दिल
कैंसर को मन में नहीं पनपने दिया

जाने लगा वह शरीर से भी
महीनों बाद सब हुआ ठीक
कैंसर जाता रहा शरीर से

मन अब और निकट था दोनों का
जी रहे साथ पूरी तरह
एक-दूसरे के होकर दोनों
और निकटता के साथ
अब दूसरों को भी
कैंसर से लड़ने की प्रेरणा देते हुए
जीने का सबक सीखाते हुए

कैंसर अब दूर था तन और मन से
वे साथ चल रहे थे जीवन के
उसकी उँगली पकड़े हुए

क्यों नहीं किया इन्तज़ाम?

कई दशक पहले
जब मर जाते थे लोग जल्दी ही
तब कई तरह के अभावों के कारण
नहीं थीं
लम्बी उम्र के बने रहने की परिस्थितियाँ

तब जीती जंग रोगों से
परिस्थितियों से
अब जीने लगे लोग लम्बा
जीने लगे ज़्यादा

तब यह नहीं विचार किया कि
इस लम्बी उम्र के साथ
बढ़ेंगे बुज़ुर्ग
बड़ी उम्र के लोग
सोचा नहीं गया यह पक्ष

जब सोचोगे यह भी
तब तो लाओगे
उनके भी मनोरंजन के स्थान

उनके व्यस्त रहने के उपाय
समय बिताने के सहज उपाय

उत्तरवर्ती जीविका के साधन
उनसे जुड़ी बातें

यही होगी सकारात्मकता

या तब ही सोच लिया था कि
बनाएँगे केवल वृद्धाश्रम

दशकों पहले मर जाते थे
जच्चा और बच्चा दोनों
प्रसव के दौरान
अब उसमें भी हुआ सुधार
अब जीने की दर है बढ़ी

अब साथ होंगे बच्चे और युवा
सोचना होगा उनके लिए भी
उनके हक़ का
उनके रोज़गार का
उनकी व्यस्तता का

या उन्हें भी छोड़ दोगे
बिना किसी तैयारी के

तब जीना होगा दुश्वार
हाथ आएगा मात्र हथियार

सोचना होगा सबका
सब ओर से
सभी कोणों से

केवल जीत लेना ही सब कुछ नहीं है
ख़ुशी से बनाए रखना प्रसन्नता को
यह भी उसका अंग है

इसके लिए करने होंगे कई काम
नए इरादों के साथ लगातार
अन्यथा नहीं होगा उत्तर
जब आएगा प्रश्न
क्यों नहीं किया सब इन्तज़ाम?

पहचान

दिया गया था जब मुझे नाम
जानते थे वे मुझे उसी से

अब मेरा भी एक क्रमांक दे दिया गया है
मैं भी हूँ अब गिनती में
यही मेरी पहचान है
मेरे बैंक खाते और उसमें जमा राशि की तरह एक गिनती
मेरा भी हिसाब रखा जा रहा है

माँ ने जब दिया था नाम तब बताया था
इसे ही छोड़कर जाना होगा दुनिया से
करना होगा इसके लिए ऐसा काम कि रहे दुनिया में नाम

इसलिए मैंने दुनिया को जाना-समझा और लिखे उस पर गीत
ताकि बने रहें वे मौत के बाद भी शाश्वत, नाम के साथ
नाम ही रह जाएगा मौत के बाद लेखनी के साथ
गीतों में पिरोया हुआ हर रचना के साथ जीवित

अब एक नम्बर दे दिए जाने के बाद
फिर मैं सोचता हूँ कि मैं कौन हूँ
मेरी पहचान क्या है

तब नाम में भी पाता हूँ बहुत सी पहचान साथ हैं
अपने कई छोटे-छोटे कोष्ठकों में सिमटी हुई

नाम से बनी पहचान भी करती है दूसरों से अलग
नम्बर की तरह ही
साथ ही कई और पहचान भी बनाती और बताती
जिसमें हैं अपने-अपने कोष्ठक धर्म, समुदाय, जाति और लिंग के भी

अब फिर मैं अपने आप को खोज रहा हूँ
एक पहचान बनाए रखने के लिए

खोजने को इसे देखता हूँ इधर-उधर
टटोलता हूँ सभी सन्दर्भ
पाता हूँ तब
मेरी पहचान तो मेरे ही साथ है
जो मिल रही है मेरी रचनाओं में ही

जानता हूँ तब
रचनाएँ ही पहचान हैं मेरी और
किसी भी रचनाकार की
नाम और नम्बर से बढ़कर
बने रहने को शाश्वत

चप्पल

चलते रहने की प्रतीक
बनी रहती चप्पल
रहती जब तक पैरों में

उतारकर रख दी जाती
तब भी करती इन्तज़ार
पहन कर चले जाने का

साथ कार्य करती हुई
बनी रहती है साथ सदा
देने को पैर को सुरक्षा

साथ रहना चप्पल का
देता रहता एहसास
सुरक्षा के बने रहने का

जब चुभती
तब यह बताती
कुछ तो बना है ग़लत
हुआ है ग़लत
कराना पड़ता तुरन्त ठीक

नहीं चल पाती
ग़लत के साथ

कोमलता के साथ ही
बनी रहती पैरों में
उन्हें देती आराम
बनाए रखने को चलायमान

जब तक चलता आदमी
तब तक चलती चप्पल
रहती साथ सदा

अब तुम्हें भी देंगे पुरस्कार

लक्ष्मी[1] खड़ी रही तुम अन्याय के विरुद्ध तनकर
एसिड़ से बिगड़े चेहरे को बना दिया सुन्दर
दूर देश से मिला तुम्हें सम्मान और पुरस्कार
अब देंगे हम भी तुम्हें पुरस्कार

हम पहले भी ऐसा करते आए हैं

दक्षिण अफ्रीका गए मोहनदास जगाई आत्मा
जब लौटकर आए तब पहचाना हमने कहा महात्मा

नरेन्द्र गए शिकागो दिया परमानन्द
लौटने पर पहचाना हमने यह हैं विवेकानन्द

रवीन्द्र, सत्यजीत, अमर्त्य, कैलाश को जब महान वे बताते
तब गुणग्राही बन हम भी अपनाते

जानना पड़ता है उनसे यहाँ करता कौन अच्छा काम
तब पहचानते हम उसे जब वे बताते नाम

---

1. एसिड हमले से प्रभावित होने के बाद, इन हमलों से पीड़ित समस्त लोगों के लिए आवाज़ उठाने और उनके लिए कार्य करने के कारण, मार्च 2014 को अमेरिका में 'इंटरनेशनल वुमन ऑफ करेज़ अवार्ड' से सम्मानित भारतीय वीर बाला। इन्हीं को आधार बना 'छपाक' फ़िल्म भी निर्मित।

अब तो हर क्षेत्र में वे बताते
तुम्हारी भी रेटिंग

कर सृजन बनें ऊँचे स्वयं करें अन्वेषण न बजाएँ गाल
पहचानें स्वयं को और उठाएँ भाल

जब कहा उसने प्यार है तुमसे

(1)

संध्या जब उतरे
समुद्र तट पर हम
उसने चप्पल उतार
एक हाथ में पकड़ी
दूसरे से थामा मेरा हाथ
और कहा
आओ साथ चलो
रेत पर दूर तक
महसूस करते एक-दूसरे को
मौन साथ में

चाँद तले
तब उसने कहा

मुझे प्यार है तुमसे

(2)

जब हम पहाड़ियों पर थे
घूम रहे थे साथ

पैदल चलते हुए
वहाँ दिखे एक नए पहाड़ी फल को
चखना चाहा उसने
और कहा
पहले तुम चखकर बताओ
कैसा है स्वाद

तब कहा उसने
प्यार है तुमसे

(3)

अप्रतिम संगीत के कार्यक्रम में
भाव विह्वलता के मध्य
रख दिया उसने काँधे पर सर और
अपनी गरम हथेलियाँ
रख दीं मेरी हथेली पर

कहा तब उसने
प्यार है तुमसे

(4)

आराधना करते समय
उसने देखा मेरी ओर

संतोष की गहरी साँस में
प्रतिध्वनि आई

मुझे प्यार है तुमसे

(5)

गोल गप्पे खाते हुए
टूट जाने से
गिर पड़ा उसके वस्त्रों पर पानी

तब उसने
दोना हटा
पीछे हटते हुए कहा
अब नहीं खाना मुझे

तब उसने कहा
मुझे प्यार है तुमसे

(6)

बारिश में
भीगने से बचने को
दौड़कर
सायबान के नीचे आने को
गिर पड़े जब
हाथ बढ़ा भीगते हुए
उठाया उसने

तर-ब-तर आ गए सायबान के नीचे
चेहरे से पानी पोंछते हुए
समेटा अपने को अपने में और
फिर खींच लिया पानी में
भीगने को

तब उसने कहा
मुझे प्यार है तुमसे

(7)

काम करने को मैंने
खोला जब कम्प्यूटर
वह बैठ गई पास
झट आकर

उसने खोलने को कम्प्यूटर
हाथ बढ़ाकर दिया टाइप
पासवर्ड के स्थान पर अपना नाम
और वह तत्काल खुल गया

मैंने पूछा
तुम्हें कैसे पता
उसने उत्तर दिया
मालूम है मुझे

तब फिर कहा उसने
प्यार है तुमसे

पंक्ति

नहीं है आदत लाइन में लगने की
सब कुछ दूसरों को मिलने से पहले चाहिए
क्रम आने की प्रतीक्षा सहन नहीं होती
उत्तम होने का एहसास नहीं होता

इन्तज़ार और धैर्य ख़ून में ही नहीं आता
होगा यह कोई दूसरा ही जीन
जो आदत बनाए पंक्ति बनाने की

जो तोड़कर पंक्ति
कूदता है आगे होने को
पाने को दूसरों से पहले
निकलने को कुचलकर
दूसरों को
तोड़कर सभी संकेत

बताते हैं जानकार और वैज्ञानिक
यही वह जो पाते ही मौक़ा
करना चाहेगा भ्रष्टाचार
तोड़ना चाहेगा नियम
निगलना चाहेगा व्यवस्था

लेना चाहेगा दूसरे का ग्रास
बना रहेगा भ्रष्टाचार के साथ
इन्हें ही व्यवस्था बताएगा
यह कहेगा कि—'सब चलता है' या
'ऐसा ही होता है'

इसलिए स्वयंसिद्ध है यह
बनानी है यदि
अच्छी सुन्दर ईमानदार इमारत
राष्ट्र की, समाज की, व्यक्ति की
तो पंक्ति में रहने को
चरित्र में ही पिरोना होगा

पंक्ति बनाने की
कला को सीखना होगा
इसके लिए
पंक्ति में बने रहने को
जीन में ही सीना होगा
जीवन में गढ़ना होगा
इसी के साथ
जीना और मरना होगा

बैडमिंटन

44 x 20 के मैदान में
रैकेट लेकर उतरना और
शटलकाक पर प्रहार करना
मात्र इतना नहीं है बैडमिंटन

यह किसी भी कठिनाई में
अपने को सुनना है
असफलता को धता बता
उसे जीतना है
रैकेट के माध्यम से
रोड़े को धक्का देना है
जीतने को सीखना है

कक्षाओं में आगे बढ़ने के कारण
छूट जाता है जब खेलना
तब भी वह होता है साथ
पढ़ने और जीतने की प्रेरणा के साथ

एक बार रैकेट पकड़ लेने पर
न खेलने पर भी छूटता नहीं है वह
बस एक बार मैदान में उतर तो जाओ

जूझना सिखाने को साथ आ जाएगा
हाथ पकड़ वह भी

विजेता होने के एहसास को सहजता से दूर रखते हुए
केवल यह बताते हुए कि
खेलना है पूरे जीवट के साथ
छोड़ देता है बुरे को
अच्छे को रख अपने पास

ग़र रैकेट हो हाथ में
होती ख़ुशी भी साथ
कोई रास्ता तब बीमार नहीं मिलता
अवसाद छूट जाता है पीछे

देता ताक़त यह भी कि
अब प्रारम्भ होने को
कोई रोक नहीं सकता

मंज़िल भी आ जाती पास
बना रहे बैडमिंटन का साथ

शाह अमर हो गया आगरे के लाल क़िले के साथ

बड़ी और महँगी कला छोड़ जाती है बड़ा नाम भी
बना देती है वह नाम को चिर यादगार

चाहिए इसके लिए शान्ति का काल और ढ़ेर सारा धन
साथ ही समर्पित उच्च कोटि कलाकारों की कल्पना और श्रम सीकर
इन्हीं में सम्मिलित है वास्तुकला भी

राजा को भी अपना नाम चिर स्थायी करने को
चाहिए होता है कला का आश्रय
जिससे वह दिख सके सुसंस्कृत भी

वे लाते धन जनता से ही इसके लिए
करते तरह-तरह के उपाय करने को एकत्र धन
तब बनवा पाते कला का नायाब नमूना
जिसमें होता उनका नाम
पीछे ही रह जाता कलाकार का नाम
जनता तो कहीं होती ही नहीं

ऐसे शान्ति के काल में
जब फूल रहा होता व्यापार

बटोरकर धन लगाया जाता कला में
बनाए रखने को नाम
दिखने को सुसंस्कृत

ऐसे में कला का अप्रतिम रूप आता सामने
बिखेरता अपनी छटा
सामने आता आगरे का लाल क़िला
सभी कलाओं को अपने में समेटे हुए

पत्थरों से भी चाँदनी बहने लगती
बहने लगती कविता
लाल बलुआ और श्वेत मरमर के पत्थरों से

पत्थरों से लिखी इस कविता के साथ
कभी सजता था मयूर सिंहासन
जड़ा था जिसमें कोहिनूर

ऊँचे खड़े नयनाभिराम दरवाज़ों के ऊपर बैठ
बजाते थे साज़ कलाकार
बजती नौबत के साथ
गुज़रता शाह ज़रदोज़ी के स्वर्ण वस्त्र पहन

छिड़का जाता जिस पर सुगन्धित जल

क़िले की बारीक कटी जाली से दिखता ताज़
यह था वह मक़बरा
जो कला के कारण कहलाता महल
यह झरोखा

कला को कला से जोड़ता
हीरे से मिलता हीरा

पच्चीकारी से सजे पत्थर
आत्मा में घुल जाते
आम और ख़ास के दीवान लुभाते
सुकून को साथ लाते

आँगन में बहती नहरों के मध्य
गायन और वादन की महफ़िल के साथ
होता नृत्य
रचता जीवन कला के लिए

कला सभी रूपों में
एक साथ उतर आती
आगरा के क़िले के प्रांगण में

सभी हस्त कलाएँ भी हो जातीं एक जगह एकत्र
अपनी सुन्दरता के साथ देखे जाने को
तब झूम जातीं ख़ुशी से
हाथी पोल पर खड़ी प्रतिमाएँ भी

पूनम का चाँद भी
क़िले की प्राचीर पर टँगा लगता
उसकी चमक भी लगती फीकी
क़िले में बिखरी कलाओं के सामने
इतराती फिरती कलाएँ शाह के साथ
क़िले में

चलतीं जब वे छम-छम
पैजनियाँ बाँध दरीचों से
आँखें पलक झपकना भूल जातीं

कलाकारों ने बना दिए कला के नए आयाम
कला लगने लगी अप्रतिम
रहा नहीं अब उनका कोई सानी

हो जाने पर यह सब
शाह को लगता तब
उसने कला को बाँध लिया है फेंटे में
अपने नाम के साथ
अब दुनिया में स्थायी रहेगा
नाम उसका

वह मुस्कुरा देता
निहारते हुए क़िले को
भरता सन्तोष की साँस कि
अब हो गया है अमर
नाम उसका

वह था सही
बाद में भी
किसी ने नहीं लिखा
कलाकार और करदाता का नाम

पर
शाह अमर हो गया
आगरे के लाल क़िले के साथ

धरती खानेवाली औरत

प्रशांत के उफनते समुद्र में
ज्वालामुखी का अति उष्ण लावा भी बहता है
जिनसे ही बने हैं द्वीप वहाँ
बसता है जीवन जिन पर

हवाई द्वीपों पर जीवन-अनुभव से
बना है मिथक एक ऐसा
जिसमें है
ज्वालामुखी की आग उगलती सत्ता की स्वामिनी 'पेले'
धधकती प्रचंड ज्वाला के साथ
'पेले' करती है विचरण वहाँ

कहते हैं उसे—'धरती खानेवाली औरत'
जो है 'केनेहोलनि' और 'हौमिया' की बेटी

ज्वालामुखी की प्रचंड अग्नि और लावा हैं उसके पास
हवा, पानी, बारिश, लहरें, बादल भी हैं उसके भाई-बहन
असीम शक्ति के साथ जुनून, ईर्ष्या, सनकीपन भी आ गए हैं साथ
जिससे प्रचंड अग्नि में जलन और तीव्रता बढ़ गई है
वे सहभागी हो ध्वंस का नृत्य करते हैं
तीखे अट्टहास के साथ

रहती वह धधकते 'हलेमौमौ' ज्वालामुखी के बीच
सदा वह भी धधकती इस अग्निकुंड के ही साथ
उसी की ही तरह सभी को जला देने को
ध्वस्त कर देने को

सदा धधकती और जलती रहती है उसकी भूमि
बनी रहती है मृगतृष्णा की तरह अस्थायी

समुद्र की स्वामिनी उसकी बड़ी बहन 'ना-माका-ओ-कहाइ'
ड़रती रहती है कि
उसकी सर्वभक्षी महत्त्वाकांक्षा
सब कुछ ध्वस्त न कर दे

इसलिए वह ले जाती है उसे समुद्र में दूर
डोंगी 'होनुअ-इ-केया' में बैठा
उसकी छोटी बहन 'हइका' और
भाइयों 'कमोहोली', 'कनेमिलोहई' और 'कनेपौअ' के साथ
इस यात्रा में
छोड़ दिए जाते हैं भाई 'कनेमिलोहई' और 'कनेपौअ'
छोटी समुद्री चट्टान 'मोकुपापापा' और 'निहओ' पर
बनाने और विस्तारित करने को मानव निवास
विकसित करने को उनका आवास
'पेले' के बिना जलन के ध्वंस से दूर

साथ छोड़ देने पर 'पेले' और उसके चरित्र का
त्याग दी जाती है उसकी सर्वभक्षी इच्छा जब
दूर हो जाता है ध्वंस का साम्राज्य और तब
शक्ति का जुनून हो जाता है दरकिनार
इसके साथ ही मिट जाती है—
जुनून-भरी ईर्ष्या

सब पाने का वहशीपन और
नहीं पा सकने पर ध्वस्त कर देने का सनकीपन

तब ही बस पाती है इंसानी बस्ती द्वीप पर
धधकती ज्वाला को बर्फ़ से ढककर

मिलता है उन्हें तब यह मंत्र—
'ऐ समुद्र, ऐ समुद्र
शार्क के ऐ समुद्र
अब समुद्र उड़ेलना
धधकते 'कानालोआ' ज्वालामुखी पर ही
समुद्र पहाड़ी से अवतरित होना'

'जलन' से लिप्त धधकते ज्वालामुखी को बुझाकर
समुद्र से ठंडे हुए लावा पर
बनता है नया जीवन
शान्ति और सुकून से ही बसती है बस्ती
जब जा चुकी होती है 'पेले' दूर
होती नहीं जब उसकी और
उसके गुणों की छाया भी पास

'पेले' अभी यात्रा पर है और
बस्तियाँ बस रही हैं

ऐसी कैसी समानता

नहीं बनाते हम
किसी मंच पर चढ़ने-उतरने का रैम्प
न ही ऐसी कोई लिफ्ट कि
उससे चढ़ा जा सके स्टेज पर
लेने को पुरस्कार
किसी ऐसे विकलांग द्वारा
जो बिना इनकी सहायता के
नहीं चढ़ पाता हो स्टेज पर

जब मानकर यह चलना हो कि
वे कभी प्राप्त ही नहीं करेंगे पुरस्कार
उन्हें कभी जाना ही नहीं पड़ेगा स्टेज पर
लेने को पुरस्कार
तब क्यों बनवाए जाएँ
ऐसे साधन और उपाय जो दे सकें
समानता की सुविधा जैसा कुछ सभी को

तब न तो ज़रूरत होगी
बैंक में नीचे काउंटर की
डाक के नीचे लाल डब्बे की कि

उसमें कोई डाल सके चिट्ठी
जो बैठा हो व्हील चेयर पर

समानता होती है
समान लोगों के बीच ही

सभी की समानता के लिए
अतिरिक्त प्रयास चाहिए
इसके लिए
सोचना तो सभी को ही होगा
तभी सभी आ पाएँगे उस धरातल पर
जिससे समानता हो शुरू
सभी के लिए
सभी जगह
सभी समय
सदा के लिए

पुष्प गुच्छ

फूलदान में लगा था पुष्प गुच्छ
केसरिया पलाश के फूलों के साथ
पीले अमलतास और नीले नीलम को
श्वेत बेला के साथ सजाया गया था
कई पुष्पों के साथ

स्थानीय और बाहरी
विविध पुष्प साथ थे
रंग और गन्ध की आभा बिखेरते हुए

सभी मिलकर ही चूम पा रहे थे
भोर की आभा को एक साथ
पुष्प गुच्छ मचल रहा था
साथ पर मुग्ध होकर

प्रकृति के गहने
प्रकृति के साथ ही
रहे थे इठला
जब थे एक साथ

सोना पिघलकर
नसों में बह रहा था
जुगलबन्दी करते हुए

उन पर पराग के लिए मँडराती तितलियाँ
मतवाली हो रही थीं
कस्तूरी की गन्ध बिखरती जा रही थी

भोर का सूरज रुक गया था और
रुका रहना चाहता था
लम्बे समय तक उनके साथ
धरती के बेहरीन धागों से
बुनी गई कढ़ाई को
निहारने को
जो आए थे सभी जगहों से और
एकत्र थे एक साथ
सुन्दरता दिखाने और बिखरने को

यह सुन्दरता
मखमल में मणी के टँके होने को भी
कम कर रही थी

हर पुष्प से एक नया रंग जन्म ले रहा था
नई मतवाली गन्ध बिखर रही थी

हवा में आनन्द बिखर रहा था
हर साँस के साथ
कोई व्याख्या नहीं थी जिसकी

सूरज चाह रहा था
सभी पुष्प और गन्ध
पूरे जंगल में फैल जाएँ
पूरे आसमान में छितरा जाएँ

काँप रही थीं उसकी पलकें
देखकर यह नज़ारा
वह पलकों के झपकने से भी
नहीं ओझल होने देना चाहता था दृश्य
समा लेना चाहता था अपने में

नहीं चाहता था वह यह भी कि
फैले कोई रेगिस्तान इन्हें मुरझाने को या
धधके कोई ज्वालामुखी इसे जलाने को

बचाए रखने को इसे
वह झोंक देना चाहता था अपने को
इनके साथ

सूर्य को रंगों और गन्धों से प्यार हो गया था

वह अपनी सुनहरी आँखों से फूलों को
लगातार ताक़तवर बने रहने का
पाठ पढ़ा रहा था

सन्देश दे रहा था जिससे
वे कभी न झुलसें
सदा रहें एक साथ
सभी रंगों और गन्धों को
सदैव लगातार बिखेरते हुए

और
बना रहे प्रकृति का गहना सदा
पुष्पित, सुगन्धित और रंगीन

सूरज विविधता की सुन्दरता को
मोहित हो निहारता ही रहा
और तभी उसने
मुग्ध हो उछाल दिया चुम्बन
पुष्प गुच्छ की ओर

मसूरी में बर्फ़

पूरे शिवालिक में सर्द हवाएँ
बिफरी-सी फिर रही हैं
अकड़ के साथ घूम रही हैं

दे रही हैं वे
सन्देश शीत का
पूरी घाटी में

वह शीत
जो अब उतर आई है नीचे
ऊँचे पहाड़ों से

मसूरी को शीत ने घेर लिया है
चारों ओर
बर्फ़ की मोटी परत बिछ गई है
बर्फ़ का श्वेत परिधान
धरती का बाना बन गया है

पेड़ों, छतों, गाड़ियों, सड़कों पर
उसी का साम्राज्य है

फूल बर्फ़ से दब गए हैं
पत्तों पर बर्फ़ की परत है

घबराहट से
पंछियों ने समेट लिये हैं पंख
घुस गए हैं घोंसलों के
गर्म और नर्म आगोश में

घरों के अन्दर रहकर
लगातार आग तापना
बनाया गया है अंग
दिनचर्या का
काम अभी बन्द हैं

बच्चों ने
स्कूल के बस्ते बाँधकर
रख दिए हैं किनारे
घुस गए हैं
गरम रजाई में
बड़े भोजन की चिन्ता में
लाल नाक लिये घर में बैठे
आग ताप रहे हैं
जा नहीं पा रहे हैं दिहाड़ी पर
बर्फ़ ने उस पर रोक लगा दी है

फैली है अपरोक्ष घबराहट
बेसबरी से है धूप का इन्तज़ार
दिन की यात्रा पर निकले सूरज को
बर्फ़ ने धूमिल कर दिया है

मसूरी में बर्फ़ की चादर फैल गई है
धरती चमकदार सफ़ेद दिख तो रही है पर वह
धूमिल हो गई है
घबरा रही है

बर्फ़ रगों में समा गई है
शीत ने सभी को घेर लिया है
आग भी जल-जल कर जलना भूल गई है
उसका ताप शीत ने निगल लिया है
सूरज अभी छुट्टी पर चला गया है
धरती हैरानी से उसकी ओर ताक रही है

बाम्बे फ़ाइव-सिक्स

यात्राओं और जिजीविषा ने दिया
कई-कई नए काम और नाम
कहीं कुछ और कहीं और कुछ

उत्तर भारत से गए लोग फिलिपींस में
करने लगे महाजनी का काम

जब भी हो आवश्यकता
कितनी भी छोटी हो माँग
दे देते वे ऋण किसी को भी

लेते वापस पाँच का छः
जो बनता बीस प्रतिशत ब्याज
रोज़ आते वसूली को
मोटर साइकिल पर
जो बन गई प्रतीक उनका

थोड़ा-थोड़ा भी मिले तो ले जाते वसूली में
धीरे-धीरे वसूल लेते पाँच का छः
जो बनाया गया
'माइक्रो फिनांस' के अध्ययन का विषय भी

पाँच का छः वसूलते-वसूलते
नाम हुआ इनका—
'बाम्बे फ़ाइव-सिक्स'

एक अजब-ग़ज़ब नाम के साथ
नया समूह आया सामने

गाहे-बगाहे यह नाम
तंज के साथ चस्पा होने लगा
सभी भारतीयों के साथ

मकाती में जाना यह कि
आवश्यकता ने फिर से
जन्म दे दिया
एक और आविष्कार
एक अजब नाम के साथ
नया यह नाम
जुड़ा पुराने काम से
जो घुलमिल गया जीवन में
बनकर दिनचर्या का ही भाग
सदा के लिए

लौटने की जगह है घर

उसे वहाँ पहुँचना ही था
जो था उसका घर
चाहिए ही था वह उसे

चाहे घर हो कहीं भी
फुटपाथ पर, वन में या अट्टालिका में
वह उसके कन्धे पर हाथ रखता
साथ और सहजता की थपकी देता

वह उसे बुला रहा था
सुकून से बैठाने के लिए
थपकी देकर सुलाने के लिए
यही था उसका घर
वह नहीं था कहीं और
थके होने पर पुकार वहीं से आती
जहाँ सोता वह सुकून से
प्यार के साथ

घर में वास के सुख के बावजूद
जब भी निकलता वह बाहर
पाने को विस्तार

लौटता घर पर ही
जानता था वह और करता यह महसूस
कहीं पर भी सोना घर नहीं होता है
जैसे जेल में सोना घर नहीं होता है
संन्यासी को भी घर दरकार होता है

घर वापस लौटने की जगह है
बाहर के सुखों के बाद भी और
बाहर जाने को तैयार करने के लिए भी

घर कहीं भी हो सकता है
आगोश में लेने के लिए
आनन्द और सुकून देने के लिए
फिर बाहर निकलने को तैयार करने के लिए
जीवन को बनाए रखने के लिए

घर का आगोश उसे जीवन देता
जीने को तैयार करता

भूमध्य रेखा से सूर्य को ताकते हुए

भूमध्य रेखा पर खड़े हुए
सूर्य दिख रहा था ठीक ऊपर
पैदा कर रहा था आकर्षण
अरबों-खरबों दीपों के साथ
सभी दीप बिखेर रहे थे रोशनी

पृथ्वी सभी को साथ ले
रही थी घूम उसके इर्द-गिर्द
सूर्य स्वयं आकाश गंगा की ओर निहार रहा था
घूम रहा था उसके चारों ओर

भूमध्य रेखा पर खड़ा मैं
विस्तार पा रहा था उसके साथ
अनन्त का
घूम रहा था उसके साथ
अनन्त में
पैरों के बल पृथ्वी से चिपका हुआ
सिर के बल अनन्त में लटका हुआ

एक प्रवाह पैदा हो रहा था
पृथ्वी से अनन्त की ओर

मैं साथ चल रहा था
अनन्त में लगातार
सूर्य के साथ

ज्वालामुखी के मुहाने से

ज्वालामुखी के मुहाने पर खड़ा
निहार रहा था मैं
उफनते गर्म मैग्मा को
बह रहा था जो किनारों से
सभी को राख करता हुआ

दूर उठती गर्म धुन्ध
मिल रही थी हवा में

इस विध्वंस के दृश्य के बीच भी
मुझे याद आ रहा था सृजन

तुम ही तो थे ज्वालामुखी
जिसके बहते मैग्मा ने जमकर बनाई धरती
निकलती कार्बन डाइआक्साइड से ही बनी ऑक्सीजन
उठती वाष्प ही बदली पानी में
बनने लगा जीवन पृथ्वी पर

धधकते हुए
क्या तुम दे रहे थे यह सन्देश
कि होगा ध्वंस सड़े-गले का
तब ही होगा सृजन नए का

क्रमांक वाला विश्व

किसका है यह पहले, दूसरे या तीसरे क्रमांक वाला विश्व
जो बना है पैसे की उपलब्धता के आधार पर
कसा गया है जिसे अर्थतंत्र के पैमाने पर सबके लिए

'दावोस' में होता है जब इसके लिए गुणा-भाग
तो क्या वह बन जाता है धर्म
कट्टर धर्मान्ध की ही तरह पालन किए जाने की अनिवार्यता के साथ
सिंहासन के लिए
जो भुनाने को इसे बनाते रहते हैं
अलग-अलग समूह, गुट और मंच

किसी के लिए भी वह जहाँ होता है
वहीं से शुरू हो जाता है उसका विश्व
पहली दुनिया बन
उससे अन्यत्र की दुनिया ही आती है उसके लिए
किसी भी अन्य क्रमांक पर
बेमानी हो जाता है उसके लिए
बड़े मंचों के लिए अनिवार्य बना अर्थतंत्र का यह वर्गीकरण
उसके लिए अनजान हैं इसे नापने के औज़ार और
विचार एकदम अलग
सिंहासन और अर्थतंत्र से

दोनों नाकाम हैं एक-दूसरे को समझने में
जान ही नहीं पा रहे हैं एक-दूसरे को

ऐसे में यह विचार है ही नहीं कि
कब आएँगे साथ एक ही धरातल पर
जब क्रमांक नहीं होगा विश्व का
नहीं होगा कोई पैमाना इसका
होगा विचार सभी के लिए समान दृष्टि से
सभी सोचेंगे एक-दूसरे के लिए साथ-साथ

तब तक बना ही रहेगा क्रमांक वाला विश्व
लगातर बढ़ती गिनती के साथ

जब बदतमीजी को भी अच्छा बताना होता है

तुम नहीं कर सकते ऐसी बेहूदा बदतमीजी
जैसी करता है वह
उगे रहते हैं उसके सींग सदा
सिर और दिमाग़ में
उसे भी अच्छा और सुन्दर बताना होता है
ऐसा तभी होता है
जब उसके पास हो अनाप-शनाप धन, ताक़त या सत्ता

तब नहीं दिखती बदतमीजी और सींग
धरा रह जाता है प्रतिरोध और लोकतंत्र
करने लगते हों तारीफ़
सुसंस्कारी बन
जब नहीं होता पास धन, ताक़त या सत्ता
रौन्द दिए जाने के भय के नीचे
कुलबुलाते हुए
खो जाती है लड़ने की ताक़त और इच्छा
बदतमीजी और सींग अच्छे लगने लगते हैं

जिस पथ पर कोई नहीं आया उस पर चलना होगा

जब वह नाव को समुद्र में डाल रहा था
तब उसे नहीं पता था कि
इस आग्नेय कोण में कोई धरती मिलेगी भी या नहीं
तब भी वह बढ़ता गया
जा पहुँचा आगे आस्ट्रेलिया तक

था यह एक नृत्य
आशाओं की हवा के साथ
सपने को हक़ीक़त में बदलने का

विफलता का अन्देशा
एक अश्लील नृत्य की मानिन्द
उथल-पुथल मचाता अवश्य
बिखर जाती यह आँधी भी
आशा के साथ जुड़ी हिम्मत के सामने
बना लेता वह उसको भी सहयोगी बयार
जो बहती उसकी कश्ती के साथ
बनाया रास्ता बनाने को एक सहायक उपकरण

उतरा जब वह सुदूर धरती पर
तब भी वह जानता था
नहीं आया है कोई इस धरती पर
अब और दृढ़ हो गया उसका मन कि
जिस पथ पर नहीं आया कोई
उस पर चलना ही होगा
तब ही बनेंगे नए रास्ते
खुलेंगे नए द्वार
आगे बढ़ते जाने के लिए

गर्जन करता धुआँ अर्थात् मोसि-ओए-तुन्य

मीलों दूर से ही
पड़ने लगती धुन्ध की फुहारें शरीर पर
सराबोर हो जाता
तन और मन ज़म्बेज़ि के जल से
सूर्य किरणों से चमक उठता प्रपात का जल
जल से बने प्रिज़्म से बन जाता सतरंगी इन्द्रधनुष
समा जाता दिलो-दिमाग़ में
ऑक्सीजन बनकर

फँस जाते सम्मोहन में इन्द्रधनुष के
इसमें फँसना अच्छा लगता
यहाँ कोई नरक नहीं
मात्र जल और उसका सम्मोहन
गर्जन करता धुआँ लपेट लेता शरीर को
अपने आगोश में

'गर्जन करता धुआँ' अर्थात् 'मोसि-ओए-तुन्य' कहते थे
दुनिया के सबसे बड़े जलप्रपात को कोलोलो आदिवासी
डेविड लिविंग्स्टोन ने अफ्रीका की ज़म्बेज़ि के इस जलप्रपात को
दे दिया रानी विक्टोरिया का नाम
लोगों को लिखना पड़ा यही

जो बनाता तो है ज़ाम्बिया और ज़िम्बाब्वे की सीमा
पर साथ ही मिटा देता है दिल की सीमा
बाँध देता है दिल और दिमाग़ को
उठती धुन्ध के साथ बनते बिखरते इन्द्रधनुष में

तभी यह एहसास होता कि
प्यार किया जा सकता है इससे और
प्यार करना है कितना सरल
जिससे बचने का कोई रास्ता नहीं है
समीप जाने पर प्यार और बढ़ता जाता है
जीवन प्रफुल्लित लगने लगता है
पूरी गूँज के साथ
जो फैल रही है चारों ओर

उस जादू की तरह
जो कभी समाप्त नहीं होता है

जब रोज़ आएगा जन्मदिन

जल्द ही फिर आएगा
मेरा जन्मदिन आठ जुलाई
गुज़र गए हैं कई बसन्त
हर जन्मदिन के साथ

इस बार भी यही मुद्दा कि
अब नहीं दोहराऊँगा असफलता
नए सिरे से होंगे संकल्प और
उन्हें पूरा करने का कर्म

जन्मदिन ने
एक और नए समय को इंगित किया है
यह मुझे बनाने के लिए
एक नया समय है

पर इसके लिए आठ जुलाई का इन्तज़ार क्यों है
नए समय को पाने के लिए
अब मेरा जन्मदिन रोज़ है
सभी के साथ

मुखौटा अब नक़ाब में बदल गया है

नृत्य करते हुए पहने गए थे मुखौटे
दिखाने को विभिन्न रूप हमारे

यह तब था
जब दिखाना होता था यह सब
सहज और स्वाभाविक

अब हमने मुखौटों को बदल दिया है नक़ाब में
जो पहनते थे डाकू
डाके के समय
चेहरा छुपाने के लिए

अब नहीं दिखतीं आँखें, चेहरा और भाव
जो बह रहा है फटे दूध की तरह
हमारी रगों में ख़ून बनकर
वह भी
शालीन मुस्कुराहट की नकाब के पीछे
सभी को छील दिए जाने की कामना के साथ

यह कैसा विचलन है या स्वभाव का विकास
जो किसी के समझ में नहीं आ रहा है
पूछ रहा था एक संवाददाता
क्या अब इस पर भी प्रबन्धन का कोर्स आएगा?

लाशों पर खड़ा इतिहास

पता नहीं क्यों
इतिहास में लाशें ही पाले में आती हैं
मेरे पाले में भी लाशें ही लाशें आईं

होश सम्हाला तब
पिता और बुआ साथ थे
विभाजन के क़िस्से सुनाते हुए
यह क़िस्से रक्तरंजित लाशों से पटे पड़े थे
धरती पर सीमा रेखा
लाशों से खींची जा रही थी
सीमा रेखा के चारों ओर भी
लाशें ही लाशें पड़ी थीं
इस रेखा ने नफ़रत के साथ
लाशें बढ़ाई थीं
जो बन गई थीं
विश्व में लाशों का सबसे बड़ा ढेर
इन लाशों को रौंदते हुए
इनके मध्य ही लोग भी भाग रहे थे
एक ओर से दूसरी ओर
नई ज़मीन की खोज में

होश सम्महाला तब लाशें बिखर रही थीं
सड़कों पर
मित्रों और पड़ोसियों की
कभी किसी हत्या का बदला लेने के लिए
कभी पताकाओं को फहाराने के लिए
कभी ढाँचों को गिराने और कभी बनाने के लिए
कभी किसी अन्य को सबक़ सिखा देने
कभी उसे अपना प्रभुत्व बताने के लिए
बदला—यही हवा में गूँज रहा था
जिसमें लाशें गिराना ही माध्यम बन रहा था
सड़कों पर रक्त बहकर स्थायी पपड़ी की तरह जम रहा था
सफ़ाई करनेवाला कोई नहीं था

बड़ा हुआ तब
अब लाशें फिर सामने थीं
वन और उसकी पगडंडियों पर
बन्दूक़ों और बारूदी सुरंगों से
क्षत-विक्षित होकर बिखरी हुई
पूरे वन को
उड़ी देह की बिखरी धज्जियों ने
जले और सड़ते
रक्त और मांस की गन्ध से भर दिया था
वन का हरा रंग
सूखे हुए रक्त से काला हो गया था
वन में कटी-फटी लाशें मुहँ बाए पड़ी थीं

लाशों के सहारे विजय का इतिहास बनाया जा रहा था
इन्हें ही पुस्तकों में लिखा जाना था और
यही बताया जाना था कि
विजयी ही इतिहास बनाते हैं

वे ही रास्ता बनाते और दिखाते हैं
इसके साथ ही पुनः
यह स्थापित किया जाना था कि
विजयी के लिए सभी मात्र साधन हैं
लाशें उनके रास्ते में रुकावट की तरह नहीं आतीं
वे उसका भी पुल ही बनाते हैं
उस पर चढ़कर आगे बढ़ते जाते हैं
वे लाशों की नींव पर
इतिहास बनाते हैं और
उन्हीं पर इतिहास लिखे जाते हैं

पूछूँगा चाँद से

इस पूर्णमासी
चाँद जब, आएगा मुँडेर पर
तब पूछँगा उससे
अब नहीं आते तुम
मुन्नी की थाली में
जिस पतंग पर आते थे तुम
खेंचकर उसकी डोर
कन्नी ही काट ली है तुमने

खेलते नहीं तुम
अब मुन्नी के साथ
न ही निहारते हो
उस रकाबी को
जिसमें खाती थी मुन्नी
कभी दूध-रोटी
तो कभी दूध-बताशा

अब तो तुम खरामा-खरामा
किनारे से कन्नी काट
निकल ही जाते हो
जबकि अब तो

भरी ही रहती है 'प्लेट'
मुन्नी की
तरह-तरह के
'कॉन्टिनेंटल' व्यंजनों से
पर अब तुम झाँकते नहीं
प्लेट में

पूर्णमासी को
अबकी आए चाँद मुँडेर पर
तब पूछूँगा उससे

जमूरे सच-सच बताएगा?

जमूरे बताएगा
बताऊँगा
जो पूछूँगा बताएगा
बताऊँगा
सच-सच बताएगा
बताऊँगा

पीछे कौन खड़ा है
बाबूजी
बाबूजी की क़मीज़ का रंग
सफ़ेद
क़मीज़ की जेब में क्या है
अठन्नी
नहीं रुपया है
अठन्नी है
जेब में अठन्नी कैसे है
रुपया बनाने के फेर में
रुपया बनता क्यों नहीं
वो बड़े बाबू की जेब में रहता है
बड़ा बाबू कहाँ है
राजधानी में

बाबूजी की अठन्नी रुपया बनेगी
नहीं बनेगी
उनके पास रहेगी
नहीं रहेगी
कहाँ जाएगी
बड़े बाबू की जेब में
उसमें तो पहले से रुपया है
ये भी जाएगी
फिर बाबूजी क्या करेंगे
बिना जेब की क़मीज़ पहनेंगे
ऐसी क़मीज़ कहाँ से लाएँगे
बाज़ार से
बाज़ार में कहाँ से आएगी
बड़े बाबूजी के कारख़ाने से
फिर क्या करेंगे
बाबूजी ख़रीदेंगे
और फिर
अठन्नी बड़े बाबूजी की भरी जेब में पहुँचाएँगें

सड़क के काँधों पर धान

सड़क पर जाते हुए
दिख रहा है
सड़क के दोनों ओर
उसके काँधों पर
दूर तक बिखरा हुआ
धान और पुआल
जो गिरा है
दूर तक नज़र आ रही
उन बैलगाड़ियों से
जो भर कर जा रही हैं
खेतों से खलिहान की ओर
और जिनकी लम्बी क़तार
आ रही है नज़र
धीरे-धीरे बढ़ती हुई आगे

खलिहानों से इन्हें मीस कर
ले जाएँगे मंडी
क्योंकि नहीं आता कोई इन्हें लेने
ले जाना पड़ता है उन्हें ही स्वयं
खेत से मंडी तक धान
जिस तरह बोने के लिए भी

स्वयं ही आए थे सामग्री
मंडी से खेत तक

लहलहाती फ़सल कटकर
बैलगाड़ियों में लदकर
जा रही है
मंडी की ओर
उसी से गिर रहा है धान
सड़क के काँधों पर
बिखर रहा है धान और पुआल
गाँव की सड़कों पर

सड़क का इस तरह भरा रहना
भरा रहना है किसान का
जिससे ही भरती है मंडी
और जिससे भरता है शहर

सड़क पर जाते हुए
दिखता है दूर तक
किनारों पर बिखरा हुआ धान
भरी हुई है सड़क
भरे हुए हैं किसान

प्लेन में देरी

जब भी जाता हवाई जहाज़ में
लोग साधे रहते चुप्पी
अपनी-अपनी सीट पर धँसे हुए
कान में इयर फ़ोन लगाए
टैब में फ़िल्म देखते या
किताब पढ़ते
नहीं होता सरोकार
किसी का किसी से

एक दिन यात्रा में
हो गया मौसम ख़राब
बैठने के बाद जहाज़ में
अब सब अन्दर ही बैठे रहे घंटों
उड़ने के इन्तज़ार में
धीरे-धीरे लगी टूटने चुप्पी
छोटे बच्चे जो अब
घूमने लगे थे गलियारे में
उनसे हुईं बातें प्रारम्भ
खेला जाने लगा उनसे
धीरे-धीरे बातों का सिलसिला
जा पहुँचा उनके माता-पिता तक

इस देरी ने करा दीं उनके बीच बातें
वे पूछने लगे एक-दूसरे के विषय में
जानने लगे हालचाल
करने लगे बातें दुनिया-जहान की
अभी उड़ने में देरी थी
बातों में नहीं

चुप्पी अब टूट गई थी
लोग बातें कर रहे थे
आपस में मिल रहे थे
दोस्ती हो रही थी

हवाई जहाज़ देर होकर चुपचाप खड़ा था